渤海三彩

渤海上京城出土釉陶

黑龙江省文物考古研究所

赵哲夫　李陈奇　著

文物出版社

图书在版编目（C Ｉ P）数据

渤海三彩：渤海上京城出土釉陶 ／ 黑龙江省文物考
古研究所著. --北京 ：文物出版社，2013.11
ISBN 978-7-5010-3875-6

Ⅰ．①渤… Ⅱ．①黑… Ⅲ．①釉陶－宁安市－唐代－
图录 Ⅳ．①K876.32

中国版本图书馆CIP数据核字（2013）第249324号

渤海上京城出土釉陶

渤海三彩

黑龙江省文物考古研究所

赵哲夫　李陈奇　著

装帧设计　　刘　远
责任印制　　梁秋卉
责任编辑　　李缙云

出版发行　　文物出版社
地　　址　　北京市东直门内北小街2号楼
邮　　编　　100007
网　　址　　http://www.wenwu.com
　　　　　　E-mail:web@wenwu.com
制版印刷　　北京图文天地制版印刷有限公司
开　　本　　889毫米×1194毫米　1/16
印　　张　　18.25
版　　次　　2013年11月第1版
印　　次　　2013年11月第1次印刷
书　　号　　ISBN 978-7-5010-3875-6
定　　价　　480.00元

目录
Contents

渤海三彩

前言

Preface

　　唐代渤海国是以靺鞨粟末部为主体，结合靺鞨诸部及部分高句丽人建立的少数民族地方政权。其疆域极盛时期包括中国东北三省的大部、俄罗斯沿海州及朝鲜半岛北部，"地方五千里"，史称"海东盛国"。从粟末部首领大祚荣建国（唐武后圣历元年）至末王大諲譔时（926年）被契丹灭亡，传国十五世，历229年。

　　渤海国灭亡后，契丹在其旧地设东丹国，以契丹太祖耶律阿保机长子耶律倍为东丹王。公元928年，东丹国南迁东平（今辽宁省辽阳市）。

　　渤海上京城是唐代渤海国中、后期的都城，早期被称为"渤海王城"，渤海国实行五京制度之后称"上京龙泉府"，晚期被称为"忽汗城"，东丹国时期称为"天福城"。其故城址位于今黑龙江省宁安市渤海镇，东北距宁安市35千米，西南距镜泊湖13.4千米。现今遗址内有渤海镇及其所属的土台子村、白庙子村、双庙子村、西地村等。

　　渤海国全面仿效大唐，在学习典章、制度的同时，也引进了先进的生产技术，大唐文化极大地影响了渤海的统治阶层，唐代的釉陶三彩技术，也在这个大的背景下被引进到渤海。

　　从目前发表的资料来看，渤海的釉陶三彩器，主要发现于渤海的上京、中京和东京等都城遗址，在都城遗址中，上京城发现的渤海三彩种类最多，数量最大。其他地区只有零星发现。

渤海上京城釉陶三彩器的发现

东丹国南迁后，渤海上京城 —— 天福城被毁，其故地荆榛遍地，荒芜人烟，直到清初才被人发现。流放宁古塔的文人张贲在其《东京记》中，描述了古城这样的情景："内今宫室无存，败瓦乱碛，在榛莽中，时有丹碧琉璃错出，间杂汉字款识，土人取以为玩。"这是关于发现渤海三彩的最早记载之一。

1931年9月，东省特别区（当时以哈尔滨市为首府的行政区划）研究会组织综合科学考察队在北满地区进行科学考察，其中的古民族分队由 B．B．包诺索夫领导，地质学家尹赞勋作为政府代表同行。考察队在渤海上京城停留了12天，对宫城和"御花园"等遗迹进行了发掘，同时在城内和周边地区搜集文物，从发表的报告来看，在"湖池"西岸的土丘上发现"八角形的简易建筑，覆有非常雅致的绿琉璃瓦。在房顶有大型雕塑装饰，装饰上涂有黄色和绿色的釉"。在"紫禁城"的"金銮殿（第2号宫殿）"发现，"殿顶主要为灰瓦，部分点缀绿瓦，大概还装饰有奇妙的琉璃制品，我们找到了大量这些琉璃制品的碎片"[1]。这次发掘是渤海三彩较为集中的发现，具有相当数量，所获文物现收藏于黑龙江省博物馆。

1933～1934年，日本东亚考古学会对渤海上京城进行了大规模的考古发掘和调查，在宫城正门、第1号宫殿（第2号宫殿由于顶部破坏严重未发掘）、第3号宫殿、第4号宫殿和第5号宫殿和禁苑址发掘出数量很大的绿釉覆盆、绿釉的鸱尾和兽头，绿釉板瓦、筒瓦和兽头，以及一些当时未能辨识的建筑饰件。由于当时的发掘者主要是探究柱网的分布以复原建筑格局，工作范围集中于宫殿的顶部，故出土的文物也多与屋顶中心部分有关。此外，还出土了一批三彩釉的器盖和黄、绿釉的陶片。在上京城北的三灵坟采集到绿釉鸱尾残片[2]。所获文物大部被带回日本，现收藏于东京大学考古教研室，少部分保存在当时的伪满洲国国立博物馆奉天分馆（今辽宁省博物馆）。

1963～1964年，中国、朝鲜联合考古队对渤海上京城进行了大规模的调查和发掘，发掘的主要遗址有宫城西区的寝殿址、"堆房"址，东区的官衙遗址及第1号寺址、第9号寺址，出土了较完整的鸱尾2件、兽头21件，筒瓦140余件和残瓦当3件以及釉陶三彩器陶片1500

余件，可复原的器物有盘、盆、双耳罐和三足器等 [3]。

1979年，宁安市文物管理所清理了宫城正门第1号门址；1981～1984年，黑龙江省文物考古工作队发掘清理了宫城正门基址及其第2号门址、第3号门址、第4号门址、第1号宫殿及其西廊庑址和东廊庑址（一小部分）[4]。出土文物中有大量三彩器物残片，可辨识的有鸱尾和兽头两种，形制巨大，以绿釉的为主，部分为三彩，限于条件未能发表。

1990～1992年，黑龙江省文物考古研究所对皇城东区官衙址进行了发掘，出土了一些三彩鸱尾和兽头的残片，同时的绿釉砖为首次发现。在该区域较大的范围内，采集和发掘了一些三彩陶片 [5]。

1996年，黑龙江省文物考古研究所发掘了三陵4号墓，墓葬等级较高，棺木外包裹丝织物，以铜泡钉固定，四角有大型铜棺环，随葬品较多，有铜器、铁器和陶器等，其中三彩熏炉保存完整，为罕见的渤海文物精品。

1997年，黑龙江省文物考古研究所、牡丹江文物管理站发掘了郭城第11号门，出土文物中黄褐釉兽头2件、黄褐釉陶罐1件 [6]。

1998～2012年，黑龙江省文物考古研究所对渤海上京城进行了大规模的考古发掘和调查，发掘的主要地点有郭城正南门、正北门、第1号街；皇城正南门；宫城第1号宫殿东廊庑址、第2号宫殿及其东、西、南廊庑址、第3号宫殿及其东廊庑址、第4号宫殿东廊庑、中廊庑址、第4-1号宫殿、第5号宫殿前门址、第5号宫殿、第50号宫殿、宫城北门址等，出土了大量的三彩器物，主要可分为两类，一是建筑材料，二是生活器物。建筑材料中，主要有三彩鸱尾、三彩兽头、三彩套兽、绿釉鸱尾、兽头、

1\ B. B. 包诺索夫：《东京城遗址发掘的初步报告》，译文见黑龙江省文物考古研究所《渤海上京城——1998~2007年度考古发掘调查报告》附录四，文物出版社，2009年。

2\ 东亚考古学会：《东方考古学丛刊》第五册《东京城——渤海国上京龙泉府の发掘调查》，东京，1939年。

3\ 中国社会科学院考古研究所：《六顶山与渤海镇——唐代渤海国的贵族墓地与都城遗址》，中国大百科全书出版社，1997年。

4\ 黑龙江省文物考古工作队：《渤海上京宫城第一宫殿东、西廊庑遗址发掘清理简报》、《渤海上京宫城第2、3、4号门址发掘简报》，《文物》1985年第11期；黑龙江省文物考古研究所：《渤海上京宫城内房址发掘简报》，《北方文物》1987年第7期。

5\ 金太顺：《渤海上京官衙址》，《中国考古学年鉴（1992）》，文物出版社，1994年。

6\ 黑龙江省文物考古研究所、牡丹江文物管理站：《渤海国上京龙泉府遗址1997年考古发掘收获》，《北方文物》1999年第4期。

板瓦、筒瓦、瓦当、压当条、当沟等。生活器物较少，可复原的仅有三彩大缸、黄釉盏等，其余均为陶片[7]。其中三彩套兽为新辨识出的渤海文物器形，在以往的考古工作中，此类器物仅出土了少量碎片，无法辨认器形。

二

关于渤海三彩的几个问题

（一）渤海三彩的使用范围和反映出的社会现象

渤海三彩发现的数量，以渤海上京城为最多，使用时间贯穿了渤海国的中、后期，直至东丹国初年，具有最大的代表性。另外两个中京和东京，虽然也有一定数量的发现，但总量与上京相差甚远，其他的两个京城西京和南京，目前少有发现。在其他城址和墓地中，只有极其少量的器物和碎片发现，因此，根据渤海上京城发现的渤海三彩分析得出的结论，具有普遍意义。

渤海三彩可分为建筑材料和生活器物。

建筑材料的使用，从发现的材料来看，有着严格的等级限制，只能用于王宫、佛寺的主体建筑和显示王权威严的城门，而在这个范围内，仍有明显的等级差别。例如，在可以使用釉陶建筑饰件的郭城正门、皇城南门和第1～5号宫殿、御花园第50号宫殿和佛寺正殿等建筑中，只有宫城正门、第1号宫殿、第2号宫殿，可以使用以黄褐釉为主的大型鸱尾、兽头和套兽。第3号宫殿、第4号宫殿、第5号宫殿、御花园第50号宫殿则使用的是以绿釉为主的中、小型鸱尾、兽头和套兽。第5号宫殿的附属设施只能使用无釉的兽头。官署和佛寺正殿使用的是以绿釉为主的小型鸱尾、兽头。渤海上京城的城门一般使用绿釉为主的中、小型鸱尾、兽头，皇城正门使用的黄釉兽头和郭城第11号门使用的黄褐釉兽头属于特例，应有特别含义，前者可能暗示皇权，后者处于宫城东侧"离宫"和城外相当于长安城大明宫的新宫苑之间，不同于其他城门。

在渤海上京城发现的施釉瓦件中，以筒瓦为主，带当筒瓦很少，板瓦较少，且多发现于建筑两端，多为绿色釉，说明釉瓦只装饰建筑的脊部，未见后世的"剪边"做法。黄釉瓦仅见

于记载，近年未发现明确的实物。

在城外的调查中，在玄武湖渤海国园林址、三陵渤海贵族墓葬区域、响水村渤海"团山"遗址，发现过少量的绿色琉璃瓦残片，而这几处遗址，也应与王室有关。

生活器物可以分为两种，实用器和随葬品。

生活器皿数量较多，所见多为残片，但绝大多数发现在宫城中，在官衙址中也有相当数量，在城门、佛寺、里坊和住宅中，基本没有发现，说明使用范围以王室为主，在高级贵族中也属于奢侈品，在下级官吏和平民中，能持有者应该更少。另外，黄色单釉的陶片，只见于宫城内，三彩釉的陶片也多见于宫城，官衙中少见三彩釉的陶片，多为绿色釉陶片，似乎可以说明，在釉色的实用上，也有着等级的区别。

渤海三彩在随葬品中所见甚少，只见于高等级墓葬，中下级官员和平民墓葬则不见。器物多为实用器物，除1988年吉林和龙头山石国Ⅰ号墓出土的三彩俑为专用随葬品外，其他器物应为实用器随葬。在渤海上京城周边进行过工作的渤海墓地中，除前面提到的渤海三陵4号墓出土的三彩熏炉外，仅虹鳟鱼场墓地在填土中发现过一件三彩陶片[8]，其余墓葬未有发现。从这个角度来看，随葬有三彩器的墓葬，应与王室贵族有密切的关系。

（二）渤海三彩与唐三彩的异同

渤海三彩与唐三彩比较，有着较大的差异。

渤海三彩建筑规格小，少量釉色丰富，大部分釉色单一，唐三彩的建筑材料规格大，釉色丰富。瓦件中渤海目前只见绿釉一种，唐代有黄釉、绿釉两种，生活器物中，渤海实用器数量多，明器数量很少。器形中，渤海三彩实用器种类少于唐三彩，以渤海自身独有器形为主。随葬品中渤海三彩只见人俑一种，规格很小，其他多以实用器代替，唐三彩则器形丰富，有人俑、动物俑、人动物俑、镇墓俑等，规格以大型居多。

从釉色来看，渤海三彩器较单一，无论是建筑材料还是生活用品，三彩釉较少，即使是三彩釉，也以绿釉为主色调，单色釉中，以绿釉居多。唐三彩则以三彩釉为主，气势宏大，少见单色釉器物。

7 \ 黑龙江省文物考古研究所：《渤海上京城——1998~2007年度考古发掘调查报告》，文物出版社，2009年。

8 \ 黑龙江省文物考古研究所：《宁安虹鳟鱼场——1992~1995年度渤海墓地考古发掘报告》，图版一三六，文物出版社，2009年。

（三）渤海三彩的产地与流向

由于渤海国自身的文献已基本无存，同时代的文献中也没有渤海三彩的相关记载，目前只能根据考古资料进行研究。关于渤海国境内出土的三彩器的来源，目前学术界有三种观点：

第一种认为是渤海自产，认为"将中原内地唐三彩的烧造技术移入了渤海，成为渤海三彩"[9]，持此观点的学者多系综合性著作中的推断性结论。

第二种则认为"渤海上京遗址和北大渤海墓出土的两批三彩器，并不是渤海本土烧制的所谓渤海三彩，而是渤海与唐朝的交往或贸易中，由中原地区传入渤海的唐三彩"[10]。

第三种通过对渤海上京城出土的三彩器的胎、釉进行研究后，将之分为两类："一类胎质细纯，绝大多数为白色，釉色发亮，鲜艳，系中原产品；另一类的胎质较粗，不少含有细沙粒，釉色发暗，发黄，可能系本地烧造[11]。"

我们认为渤海上京城出土的三彩釉陶，应系渤海自产，理由如下：

渤海上京城出土的三彩器，包括建筑构件和生活用品的胎质、釉色绝大多数风格相同，属于同系产品，这样数量的产品，在渤海与唐交通不便，隔年往返、水陆交替的情况下，从唐朝输入是完全不可能的。

渤海上京城出土的三彩器中，用胎质和釉色将渤海上京出土三彩区分产地，也有其片面性。渤海上京城出土的三彩器，本就有两种胎体，较粗的红褐胎和白胎，以数量最大的兽头、套兽、覆盆为例，均有两种胎体，一般来说，素面的，形体较大的，有图案但粗疏的多为红胎，有装饰图案则多为白胎。似乎代表的是工艺，而非产地。例如宫城出土的三彩大缸，为渤海的独有器形，其胎体较粗疏，釉色反而更接近唐三彩。

釉色同样不能作为区分产地的手段，在渤海上京城大多数釉陶制品经过了再次过火，颜色已经不是原来的样子，而极少数未经过火烧器物，则保持了鲜亮的颜色，两者相比，相同胎体釉色也大不相同。

其实已经有学者通过化学分析的方法，认为"渤海瓷的釉和坯体的化学成分与唐朝制品则不同，表现在使用的原料和烧造工艺上的差别"[12]，我们委托上海博物馆对数量较大的兽头残片进行成分分析，得出的结论是其胎体和釉与洛阳地区出土的唐三彩虽很相似但有较明显的差异。

认为渤海不能自产三彩的学者，一个普遍的依据是认为到目前为止渤海境内一直没有发现烧造三彩器的窑址。我们在工作中也一直在寻找。2012年渤海上京城宫城匠作遗址的发掘，为我们寻找三彩窑址带来了曙光。遗址位于第1号宫殿东廊庑址东北角，遗址区平面近三角形，共开探方4个，面积400平方米，发掘的遗迹有房址1座、水井1口、台基址1个、石件加工场地1处，灰坑15个，其中H4位于房址北侧，其内出土大块红色颜料，可能是沤制涂墙颜料的场地。H5内出土数量较多陶球，为兽头的附件，可能为烧造兽头的窑址，但面积很小，只有几平方米，未毁弃之前仅能一次烧造几个兽头。H13位于房址西南4.5米处，叠压于台基址之上，其内为灰褐土，含大量灰褐色炼渣，少量坩埚残片及青色铜渣，可能为冶炼遗址。匠作区的发掘，使我们考虑到，以往寻找三彩窑的工作可能出现了偏差。

以往由于惯性思维，总以为应该到交通便利、适宜建窑的地点去寻找，没有考虑到三彩器，特别是建筑构件使用范围很小，并非量产，一座宫殿所用的三彩构件，在正常情况下只有很小的数量，既两座鸱尾，四个兽头、四个套兽，脊上用的釉瓦数量也不大，完全可以就地烧造，使用时间至少可以达到几十年。现在所见到的大量三彩建筑构件，是在一百五六十年积累起来的。在灰色的板瓦和筒瓦中，均有代表批次或领班工匠的文字戳记，约束质量，明确责任。但在釉瓦上却不见此类现象，从一个侧面说明此类产品的生产数量很少，在小规模的生产过程中，

9、王承礼：《中国东北的渤海国与东北亚》，吉林文史出版社，2000年。

10、李红军：《渤海遗址和墓葬出土的三彩器研究》，《文物研究》第10期。

11、中国社会科学院考古研究所：《六顶山与渤海镇——唐代渤海国的贵族墓地与都城遗址》，中国大百科全书出版社，1997年。

12、山崎一雄：《渤海三彩と唐三彩などの釉薬と胎土の比较》，《东洋陶磁》1989年。

不需要此类戳记即可明确质量和责任。因此，我们现在没有发现三彩窑址的另一重要原因，同国内发掘渤海大型遗址的方法有关，在渤海都城遗址的发掘中，一般只发掘建筑本身，而大型建筑材料的烧造，应与服务的建筑同时进行，其地点在其左近，到目前为止还没有发掘过宫殿的广场，使得发现此类窑址的可能性大大降低。

烧造小型器物的窑址未能发现，则与考古工作的广度有关，同样的原因，目前也未能发现烧造普通陶器的窑址。

渤海灭亡后，建东丹国辖其故地，公元928年东丹国举国南迁，其遗民安置在辽的东京和上京等地区，渤海三彩的烧造技术也随着渤海人的迁徙来到这一地区，内蒙古阿鲁科尔沁旗发现的东丹国左相耶律羽之墓的墓室以绿釉琉璃砖砌成，其胎质釉色与渤海上京出土的同类器物和一些建筑构件完全相同 [13]，这是渤海三彩烧造技术流传到辽的直接证明。有学者认为"辽三彩是在辽后期才兴起的品种，见于纪年辽墓中最早的材料为内蒙古宁城县萧阄墓（1071年），此时距渤海灭亡已近一个半世纪，很难想象三彩工艺能跨越如此大的时间缺环而得以传承。此外，辽三彩的主要器形为花式长盘、方盘、砚台、笔洗等，与渤海三彩的器形亦无相同之处" [14]。这种观点也有其不全面之处，承袭渤海三彩烧造技术发展而来的辽三彩，从时间发展来看，随着社会经济的发展，从原来的统治阶级上层用品到广泛流行使用，是需要一定的时间的。至于器物形制发生改变，也是完全正常的，因为服务的主体已发生改变，主要器物的形制发生改变，适应契丹社会的需要是可以理解的。同样的道理，渤海人在引入了唐三彩技术的同时，也把自己独有的器形融入其中。辽三彩沿袭的，主要是渤海三彩的技术，从保存至今的辽代三彩制品，如哈尔滨市出土的辽三彩罐、大英博物馆收藏的辽三彩罗汉，均以绿釉为主色，我们从中不难看出渤海三彩的影子。

上面曾经提到，渤海三彩主要发现于渤海的都城。到目前为止，渤海上京中轴线上的建筑以基本发掘完毕，中京和东京的主体建筑也已经发掘完毕，短时间内再获得有规模的渤海三彩器和发现窑址的可能性不大，只能寄希望于发掘上京宫城东、西两区和佛寺建筑时能有所收获。目前在渤海三彩的研究中，注重与唐三彩的比较研究，而忽视了各都城出土器物之间的比较研究以及渤海三彩与辽三彩的比较研究，如能较好地解决这一问题，对研究渤海三彩的源流，将有着重大意义。

以上观点系多年以来在发掘和研究渤海三彩时的一点粗浅认识，希望能够得到大家的批评指正。

13 \ 内蒙古文物考古研究所等：《辽耶律羽之墓发掘》，《文物》1996年第1期。

14 \ 彭善国：《试析渤海遗址出土的釉陶和瓷器》，《边疆考古研究》2006年。

Part1 ｜三彩建筑构件—鸱尾

001-026

三彩陶鸱尾

- -

高87厘米　1号寺址出土
中国社会科学院考古研究所藏

三彩陶鸱尾

高91.5厘米　上京城9号佛寺出土
中国社会科学院考古研究所藏

绿釉陶鸱吻残片

长26厘米　第3、4号宫殿出土

黑龙江省文物考古研究所藏

绿釉陶鸱尾残片

- -

黑龙江省渤海上京遗址博物馆藏

绿釉陶鸱尾残片

- -

残长28厘米　第50号宫殿出土

黑龙江省文物考古研究所藏

三彩陶鸱尾残片

残长14厘米　第5号宫殿出土
黑龙江省文物考古研究所藏

三彩陶鸱尾残片

三彩陶鸱尾残片

- -

残长16.7厘米　第5号宫殿出土

黑龙江省文物考古研究所藏

绿釉陶鸱尾残片

残长18厘米　第2号宫殿出土

黑龙江省文物考古研究所藏

绿釉陶鸱尾残片

- -

残长18厘米　第2号宫殿出土

黑龙江省文物考古研究所藏

绿釉陶鸱尾残片

残长21厘米 第2号宫殿出土
黑龙江省文物考古研究所藏

绿釉陶鸱尾残片

残长20厘米　第2号宫殿出土
黑龙江省文物考古研究所藏

绿釉陶鸱尾残片

残长20厘米 第2号宫殿出土

三彩陶鸱尾残片

残长26厘米 第2号宫殿出土
黑龙江省文物考古研究所藏

绿釉陶鸱尾残片

- -

残长24厘米 第2号宫殿出土

黑龙江省文物考古研究所藏

三彩陶鸱尾残片

- -

长24厘米　第2号宫殿出土

黑龙江省文物考古研究所藏

三彩陶鸱尾残片

长34厘米　第2号宫殿出土
黑龙江省文物考古研究所藏

绿釉陶鸱尾残片

- -

残长19厘米　第2号宫殿出土

黑龙江省文物考古研究所藏

三彩陶鸱尾残片

长径9厘米 第2号宫殿出土
黑龙江省文物考古研究所藏

绿釉陶鸱尾残片

- -

直径7.2厘米 外郭城正北门出土

黑龙江省文物考古研究所藏

绿釉陶鸱尾残片

残长11.5厘米　外郭城正北门出土

黑龙江省文物考古研究所藏

三彩陶鸱尾装饰

直径10厘米　外郭城正南门出土
黑龙江省文物考古研究所藏

黄绿釉陶鸱尾残片

- -

直径9厘米　第5号宫殿出土

黑龙江省文物考古研究所藏

绿釉陶鸱尾残片

- -

直径9厘米　第2号宫殿出土

黑龙江省文物考古研究所藏

黄绿釉陶鸱尾残片

直径8厘米　第2号宫殿出土
黑龙江省文物考古研究所藏

三彩建筑构件—兽头

027-054

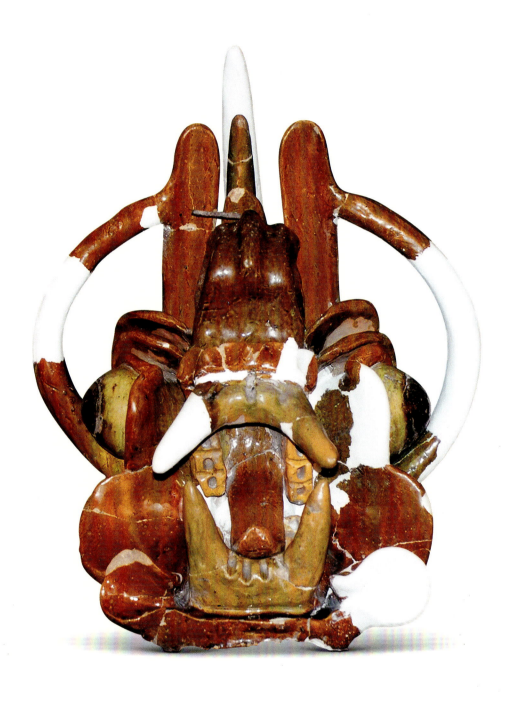

黄釉陶兽头（正视）

高43.4厘米 皇城南门出土
黑龙江省文物考古研究所藏

黄釉陶兽头（侧视）

皇城南门出土

渤海三彩

Part1 三彩建筑构件·兽头

0 | 3 | 0

三彩陶兽头（正视）

高42厘米　第2号宫殿出土
黑龙江省文物考古研究所藏

三彩陶兽头（侧视）

第2号宫殿出土

三彩陶兽头（正视）

高33.5厘米　第3号宫殿出土
黑龙江省文物考古研究所藏

三彩陶兽头（侧视）

第3号宫殿出土

三彩陶兽头（正视）

高30厘米　第2号宫殿出土

黑龙江省文物考古研究所藏

三彩陶兽头（侧视）

- -

第2号宫殿出土

三彩陶兽头（正视）

高68厘米　第2号宫殿出土
黑龙江省文物考古研究所藏

三彩陶兽头（侧视）

第2号宫殿出土

三彩陶兽头

高25厘米　第2号宫殿出土

黑龙江省文物考古研究所藏

三彩陶兽头

- -

高30厘米　第2号宫殿出土

黑龙江省文物考古研究所藏

三彩陶兽头

高26厘米　第2号宫殿出土

黑龙江省文物考古研究所藏

三彩陶兽头

高18.2厘米　第3、4号宫殿出土

黑龙江省文物考古研究所藏

三彩陶兽头

- -

高19.4厘米　第3、4号宫殿出土

黑龙江省文物考古研究所藏

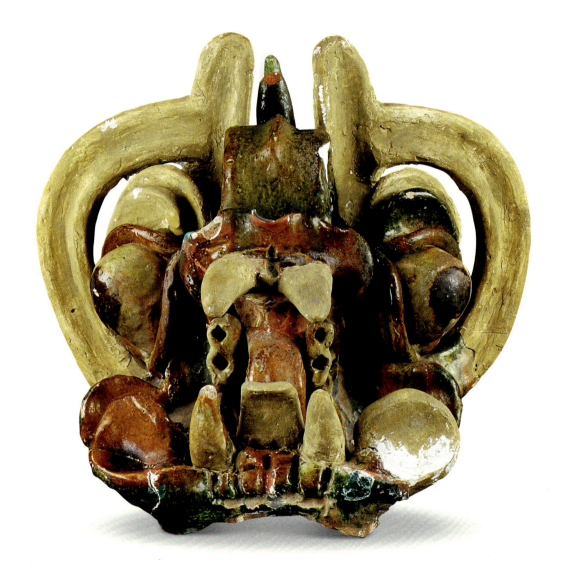

三彩陶兽头

高19.4厘米　第3、4号宫殿出土

黑龙江省文物考古研究所藏

三彩陶兽头

残高33厘米 第2号宫殿出土

黑龙江省文物考古研究所藏

三彩陶兽头

残高30厘米　第2号宫殿出土

黑龙江省文物考古研究所藏

三彩陶兽头

残高17厘米　第2号宫殿出土

黑龙江省文物考古研究所藏

三彩陶兽头

- -

残高6厘米　第2号宫殿出土
黑龙江省文物考古研究所藏

三彩陶兽头残件

- -

残长11厘米　第2号宫殿出土

黑龙江省文物考古研究所藏

三彩陶兽头残件

残长7厘米　第5号宫殿出土

黑龙江省文物考古研究所藏

三彩陶兽头残件

- -

残高24.8厘米 第50号宫殿出土

黑龙江省文物考古研究所藏

三彩陶兽头残件

残高23.2厘米　第50号宫殿出土

黑龙江省文物考古研究所藏

三彩陶兽头残件

残高31.1厘米　郭城正南门出土

黑龙江省文物考古研究所藏

三彩陶兽头残件

残高15.2厘米 第50号宫殿出土

黑龙江省文物考古研究所藏

三彩建筑构件—套兽

三彩陶套兽（正视）

宽46厘米　第2号宫殿出土
黑龙江省文物考古研究所藏

三彩陶兽头（侧视）

- -

长34厘米　第2号宫殿出土

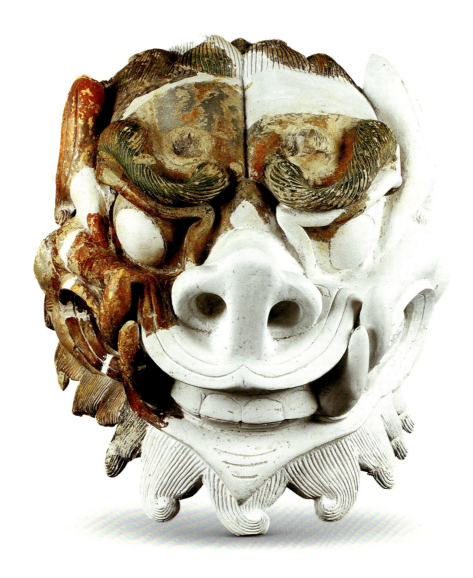

三彩陶套兽（正视）

宽40厘米　第2号宫殿出土

黑龙江省文物考古研究所藏

三彩陶套兽（侧视）

长45厘米　第2号宫殿出土

三彩陶套兽（正视）

宽38厘米　第2号宫殿出土
黑龙江省文物考古研究所藏

三彩陶套兽（侧视）

残长39厘米　第2号宫殿出土

绿釉陶套兽（正视）

宽33.1厘米　第3号宫殿出土
黑龙江省文物考古研究所藏

绿釉陶套兽（侧视）

长33厘米 第3号宫殿出土

三彩陶套兽残块

残宽30厘米　第50号宫殿出土
黑龙江省文物考古研究所藏

三彩陶套兽

残长32厘米　第50号宫殿出土
黑龙江省文物考古研究所藏

三彩陶套兽残块

残高10厘米 第2号宫殿出土

黑龙江省文物考古研究所藏

三彩陶套兽残块

残高11厘米　第2号宫殿出土
黑龙江省文物考古研究所藏

三彩陶套兽残块

- -

残高18.6厘米　第50号宫殿出土

黑龙江省文物考古研究所藏

三彩陶套兽残块

- -

残高18厘米　第50号宫殿出土

黑龙江省文物考古研究所藏

三彩陶套兽残块

残高18.3厘米　第50号宫殿出土
黑龙江省文物考古研究所藏

三彩陶套兽残块

残高17.2厘米 第50号宫殿出土
黑龙江省文物考古研究所藏

三彩陶套兽残块

残高11.6厘米　第50号宫殿出土

黑龙江省文物考古研究所藏

三彩陶套兽残块

残高16厘米 第50号宫殿出土

黑龙江省文物考古研究所藏

三彩陶套兽残块

残高13.9厘米　第50号宫殿出土

黑龙江省文物考古研究所藏

三彩陶套兽残块

宽24.4厘米　第50号宫殿出土

黑龙江省文物考古研究所藏

三彩陶套兽残块

残长20厘米　第50号宫殿出土

黑龙江省文物考古研究所藏

三彩陶套兽残块

- -

残长21厘米、直径5.5厘米　第2号宫殿出土

黑龙江省文物考古研究所藏

三彩陶套兽残块

残长17厘米、直径6厘米 第2号宫殿出土

三彩陶套兽残块

残长18厘米 第50号宫殿出土

黑龙江省文物考古研究所藏

残长13厘米 第2号宫殿出土

黑龙江省文物考古研究所藏

三彩陶套兽残块

三彩陶套兽残块

- -

残长8厘米 第2号宫殿出土
黑龙江省文物考古研究所藏

三彩陶套兽残块

- -

残长10厘米 第2号宫殿出土
黑龙江省文物考古研究所藏

三彩陶套兽残块

残长17厘米　第2号宫殿出土

黑龙江省文物考古研究所藏

三彩陶套兽残块

残长11.6厘米　第50号宫殿出土

黑龙江省文物考古研究所藏

三彩陶套兽残块

残高9厘米　第2号宫殿出土
黑龙江省文物考古研究所藏

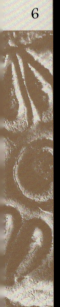

三彩陶套兽残块

残高13.8厘米 第2号宫殿出土
黑龙江省文物考古研究所藏

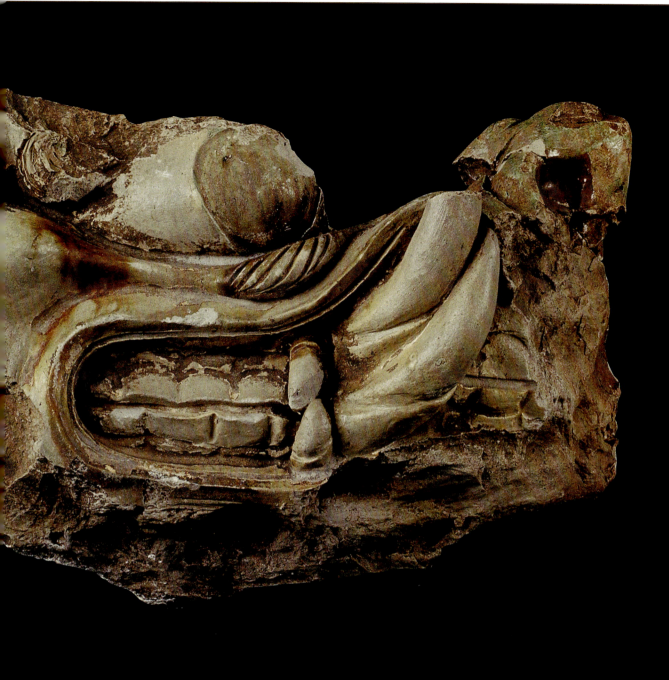

三彩陶套兽残块

残长25.4厘米 第50号宫殿出土

黑龙江省文物考古研究所藏

三彩陶套兽残块

- -

残长12.8厘米　第2号宫殿出土

黑龙江省文物考古研究所藏

三彩陶套兽残块

- -

残长15.9厘米　第2号宫殿出土

黑龙江省文物考古研究所藏

三彩陶套兽残块

- -

残长29厘米 第50号宫殿出土

黑龙江省文物考古研究所藏

三彩陶套兽残块

残长13.3厘米　第2号宫殿出土

黑龙江省文物考古研究所藏

三彩陶套兽残块

残长23厘米　第2号宫殿出土
黑龙江省文物考古研究所藏

三彩陶套兽残块

残长16.3厘米　第2号宫殿出土
黑龙江省文物考古研究所藏

三彩陶套兽

- -

高26.5厘米　第50号宫殿出土

黑龙江省文物考古研究所藏

三彩陶套兽残块

残长13.7厘米　第50号宫殿出土

黑龙江省文物考古研究所藏

三彩陶套兽残块

残长12.8厘米　第2号宫殿出土

黑龙江省文物考古研究所藏

三彩陶套兽残块

直径3厘米　第2号宫殿出土
黑龙江省文物考古研究所藏

三彩陶套兽残块

残长18厘米　第50号宫殿出土

黑龙江省文物考古研究所藏

三彩陶套兽残块

残长17厘米 第2号宫殿出土

黑龙江省文物考古研究所藏

三彩陶套兽残块

- -

残长14厘米　第2号宫殿出土

黑龙江省文物考古研究所藏

三彩陶套兽残块

- -

残宽10厘米　第2号宫殿出土
黑龙江省文物考古研究所藏

渤海上京城出土釉陶

渤海上京城出土釉陶

1 0 1

三彩陶套兽残块

- -

残宽8厘米　第2号宫殿出土

黑龙江省文物考古研究所藏

三彩陶套兽残块

- -

残宽7厘米　第2号宫殿出土

黑龙江省文物考古研究所藏

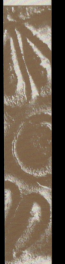

三彩陶套兽残块

残宽15厘米　第2号宫殿出土
黑龙江省文物考古研究所藏

三彩陶套兽残块

残长22厘米　第50号宫殿出土
黑龙江省文物考古研究所藏

三彩陶套兽残块

残高18厘米　第50号宫殿出土
黑龙江省文物考古研究所藏

三彩陶套兽残块

残高12厘米　第2号宫殿出土
黑龙江省文物考古研究所藏

三彩陶套兽残块

残长20厘米　第50号宫殿出土

黑龙江省文物考古研究所藏

三彩陶套兽残块

残长16厘米　第2号宫殿出土
黑龙江省文物考古研究所藏

三彩陶套兽残块

通长22厘米　第2号宫殿出土

黑龙江省文物考古研究所藏

三彩陶套兽残块

残高22厘米　第2号宫殿出土

黑龙江省文物考古研究所藏

三彩陶套兽残块

残长24厘米　第2号宫殿出土
黑龙江省文物考古研究所藏

三彩陶套兽残块

- -

残长16厘米　第2号宫殿出土

黑龙江省文物考古研究所藏

三彩陶套兽残块
- -
通长29厘米　第2号宫殿出土
黑龙江省文物考古研究所藏

三彩陶套兽残块

- -

残长26厘米　第50号宫殿出土

黑龙江省文物考古研究所藏

三彩陶套兽残块

残长22厘米　第50号宫殿出土

黑龙江省文物考古研究所藏

三彩陶套兽残块

残长26.8 第50号宫殿出土
黑龙江省文物考古研究所藏

三彩陶套兽残块

长30.8厘米　第50号宫殿出土

黑龙江省文物考古研究所藏

三彩陶套兽残块

长10厘米 第50号宫殿出土

黑龙江省文物考古研究所藏

渤海三彩

Part1 三彩建筑构件·套兽

1 | 2 | 0

三彩陶套兽残块

残高10.5厘米 第50号宫殿出土

黑龙江省文物考古研究所藏

三彩建筑构件—瓦

121-188

绿釉陶檐头板瓦

长35厘米　第50号宫殿出土

黑龙江省文物考古研究所藏

绿釉陶斜角檐头板瓦

- -

宽22厘米　第50号宫殿出土

黑龙江省文物考古研究所藏

绿釉陶檐头板瓦残块

- -

宽19厘米　第50号宫殿出土

黑龙江省文物考古研究所藏

绿釉陶檐头板瓦残块

·······························

残长7厘米 第2号宫殿出土

黑龙江省文物考古研究所藏

绿釉陶檐头板瓦残块

长31.6厘米 第50号宫殿出土
黑龙江省文物考古研究所藏

绿釉陶檐头板瓦残块

长35厘米　第50号宫殿出土

黑龙江省文物考古研究所藏

绿釉陶檐头板瓦残块

- -

长35厘米　第50号宫殿出土

黑龙江省文物考古研究所藏

绿釉陶檐头板瓦残块

左边长27厘米　第50号宫殿出土

黑龙江省文物考古研究所藏

绿釉陶檐头板瓦残块

宽21厘米 第50号宫殿出土

黑龙江省文物考古研究所藏

绿釉陶檐头板瓦残块

- -

长32.7厘米　第50号宫殿出土

黑龙江省文物考古研究所藏

绿釉陶檐头板瓦残块

长32厘米　第50号宫殿出土

黑龙江省文物考古研究所藏

绿釉陶檐头板瓦残块

长33厘米　第50号宫殿出土

黑龙江省文物考古研究所藏

绿釉陶板瓦

- -

长32厘米　第50号宫殿出土

黑龙江省文物考古研究所藏

绿釉陶瓦当

直径12厘米　第2号宫殿出土

黑龙江省文物考古研究所藏

绿釉陶瓦当

直径10.3厘米　第50号宫殿出土

黑龙江省文物考古研究所藏

绿釉陶瓦当

直径10.5厘米 第50号宫殿出土

黑龙江省文物考古研究所藏

绿釉陶瓦当

直径11.2厘米　第50号宫殿出土

黑龙江省文物考古研究所藏

绿釉陶瓦当

直径10.2厘米 第50号宫殿出土
黑龙江省文物考古研究所藏

绿釉陶瓦当

直径10.7厘米　第50号宫殿出土
黑龙江省文物考古研究所藏

绿釉陶瓦当残块

直径10.7厘米　第50号宫殿出土
黑龙江省文物考古研究所藏

绿釉陶瓦当残块

- -

直径10.2厘米　郭城正南门出土

黑龙江省文物考古研究所藏

绿釉陶瓦当残块

- -

直径10.6厘米　第50号宫殿出土

黑龙江省文物考古研究所藏

绿釉陶瓦当残块

直径13.3厘米 第50号宫殿出土

黑龙江省文物考古研究所藏

绿釉陶瓦当残块

- -

直径9.2厘米　第50号宫殿出土

黑龙江省文物考古研究所藏

绿釉陶瓦当残块

直径9.7厘米　第50号宫殿出土
黑龙江省文物考古研究所藏

绿釉陶瓦当残块

残长4.4厘米　第50号宫殿出土
黑龙江省文物考古研究所藏

绿釉陶瓦当残块

直径11厘米　第50号宫殿出土

黑龙江省文物考古研究所藏

绿釉陶瓦当残块

- -

直径11.2厘米　第3、4号宫殿出土

黑龙江省文物考古研究所藏

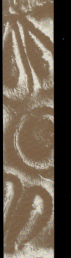

绿釉陶瓦当残块

直径12.7厘米　第3、4号宫殿出土
黑龙江省文物考古研究所藏

绿釉陶瓦当残块

直径10.7厘米　第50号宫殿出土

黑龙江省文物考古研究所藏

绿釉陶檐头筒瓦残块

残长19厘米　第50号宫殿出土
黑龙江省文物考古研究所藏

绿釉陶檐头筒瓦

直径11厘米　第50号宫殿出土
黑龙江省文物考古研究所藏

绿釉陶檐头筒瓦残块

宽24.8厘米　第50号宫殿出土

黑龙江省文物考古研究所藏

绿釉陶檐头筒瓦残块

残长28厘米　第50号宫殿出土
黑龙江省文物考古研究所藏

一　绿釉陶筒瓦

长35.2厘米　第3、4号宫殿出土
黑龙江省文物考古研究所藏

绿釉陶筒瓦

- -

长40.8厘米　第3、4号宫殿出土

黑龙江省文物考古研究所藏

绿釉陶筒瓦

长33.5厘米　第2号宫殿出土

黑龙江省文物考古研究所藏

绿釉陶筒瓦

长39.7厘米 第50号宫殿出土
黑龙江省文物考古研究所藏

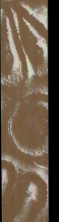

绿釉陶筒瓦

- -

长33.3厘米 第3、4号宫殿出土
黑龙江省文物考古研究所藏

绿釉陶筒瓦

长28.5厘米 第50号宫殿出土

黑龙江省文物考古研究所藏

绿釉陶筒瓦

长29厘米　第50号宫殿出土

黑龙江省文物考古研究所藏

绿釉陶筒瓦残块

- -

宽12厘米　第50号宫殿出土

黑龙江省文物考古研究所藏

绿釉陶筒瓦残块

残长26厘米 第50号宫殿出土
黑龙江省文物考古研究所藏

绿釉陶筒瓦

长33.5厘米　第2号宫殿出土
黑龙江省文物考古研究所藏

绿釉陶筒瓦

长35.4厘米　第3、4号宫殿出土
黑龙江省文物考古研究所藏

渤海上京城出土釉陶

1
6
7

绿釉陶筒瓦

- -

长46.5厘米　第2号宫殿出土

黑龙江省文物考古研究所藏

绿釉陶筒瓦

- -

长38厘米　第2号宫殿出土

黑龙江省文物考古研究所藏

绿釉陶筒瓦残块

- -

长45厘米　第2号宫殿出土

黑龙江省文物考古研究所藏

绿釉陶筒瓦残块

- -

长12厘米　第50号宫殿出土

黑龙江省文物考古研究所藏

绿釉陶筒瓦残块

宽12厘米　第50号宫殿出土

黑龙江省文物考古研究所藏

绿釉陶筒瓦残块

宽23厘米 第2号宫殿出土

黑龙江省文物考古研究所藏

绿釉陶筒瓦残块

- -

残长21厘米　第2号宫殿出土
黑龙江省文物考古研究所藏

绿釉陶筒瓦残块

残长37厘米 第2号宫殿出土

黑龙江省文物考古研究所藏

绿釉陶筒瓦残块

- -

长13厘米　第2号宫殿出土

黑龙江省文物考古研究所藏

绿釉陶筒瓦残块

残长29厘米　第2号宫殿出土

黑龙江省文物考古研究所藏

绿釉陶筒瓦残块

- -

长15厘米　第2号宫殿出土

黑龙江省文物考古研究所藏

绿釉陶筒瓦残块

- -

残长17厘米　第2号宫殿出土

黑龙江省文物考古研究所藏

绿釉陶筒瓦残块

- -

厚2.4厘米　第5号宫殿出土

黑龙江省文物考古研究所藏

绿釉陶筒瓦残块

第50号宫殿出土

黑龙江省文物考古研究所藏

绿釉陶筒瓦残块

残长19厘米　第50号宫殿出土

黑龙江省文物考古研究所藏

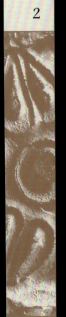

绿釉陶筒瓦残块

残长19厘米 第50号宫殿出土
黑龙江省文物考古研究所藏

绿釉陶筒瓦残块

残长24.6厘米　第50号宫殿出土
黑龙江省文物考古研究所藏

绿釉陶筒瓦残块

残长8.5厘米　第2号宫殿出土

黑龙江省文物考古研究所藏

绿釉陶筒瓦残块

- -

残长26厘米　第50号宫殿出土

黑龙江省文物考古研究所藏

绿釉陶筒瓦残块

- -

残长26厘米 第50号宫殿出土

黑龙江省文物考古研究所藏

绿釉陶当沟

- -

宽17.5厘米 第2号宫殿出土

黑龙江省文物考古研究所藏

渤海三彩

Part1

三彩建筑构件·瓦

1
8
8

绿釉陶当沟

第50号宫殿出土
黑龙江省文物考古研究所藏

三彩建筑构件—覆盆

189-206

绿釉陶覆盆

- -

外径50厘米 第3、4号宫殿出土

黑龙江省文物考古研究所藏

绿釉陶覆盆

- -

外径29厘米 第50号宫殿出土

黑龙江省文物考古研究所藏

绿釉陶覆盆残块

- -

外径46厘米　第2号宫殿出土

黑龙江省文物考古研究所藏

绿釉陶覆盆

- -

外径27厘米　第50号宫殿出土

黑龙江省文物考古研究所藏

绿釉陶覆盆残块

黑龙江省渤海上京遗址博物馆藏

绿釉陶覆盆残块

- -

外径62.4厘米　第2号宫殿出土

黑龙江省文物考古研究所藏

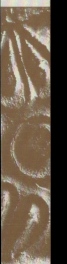

绿釉陶覆盆

高10.8厘米　第3、4号宫殿出土
黑龙江省文物考古研究所藏

绿釉陶覆盆

高8.5厘米 第3、4号宫殿出土

黑龙江省文物考古研究所藏

绿釉陶覆盆

- -

高11厘米 第3、4号宫殿出土

黑龙江省文物考古研究所藏

绿釉陶覆盆

- -

高10.6厘米 第3、4号宫殿出土

黑龙江省文物考古研究所藏

绿釉陶覆盆

- -

外径12.4厘米 第2号宫殿出土

黑龙江省文物考古研究所藏

绿釉陶覆盆残块

- -

高7.5厘米 第2号宫殿出土

黑龙江省文物考古研究所藏

绿釉陶覆盆残块

- -

高11厘米　第2号宫殿出土

黑龙江省文物考古研究所藏

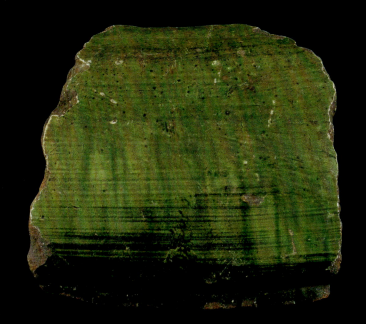

渤海上京城出土釉陶 2 0 3

绿釉陶覆盆残块

高11厘米　第2号宫殿出土
黑龙江省文物考古研究所藏

绿釉陶覆盆残块

高12厘米 第2号宫殿出土

黑龙江省文物考古研究所藏

绿釉陶覆盆残块

- -

外径62.4厘米　第2号宫殿出土

黑龙江省文物考古研究所藏

绿釉陶覆盆残块

外径29厘米　第50号宫殿基址出土

黑龙江省文物考古研究所藏

三彩建筑构件 不明建筑构件

207-214

不明建筑构件残块

残长9.8厘米 第3、4号宫殿出土

黑龙江省文物考古研究所藏

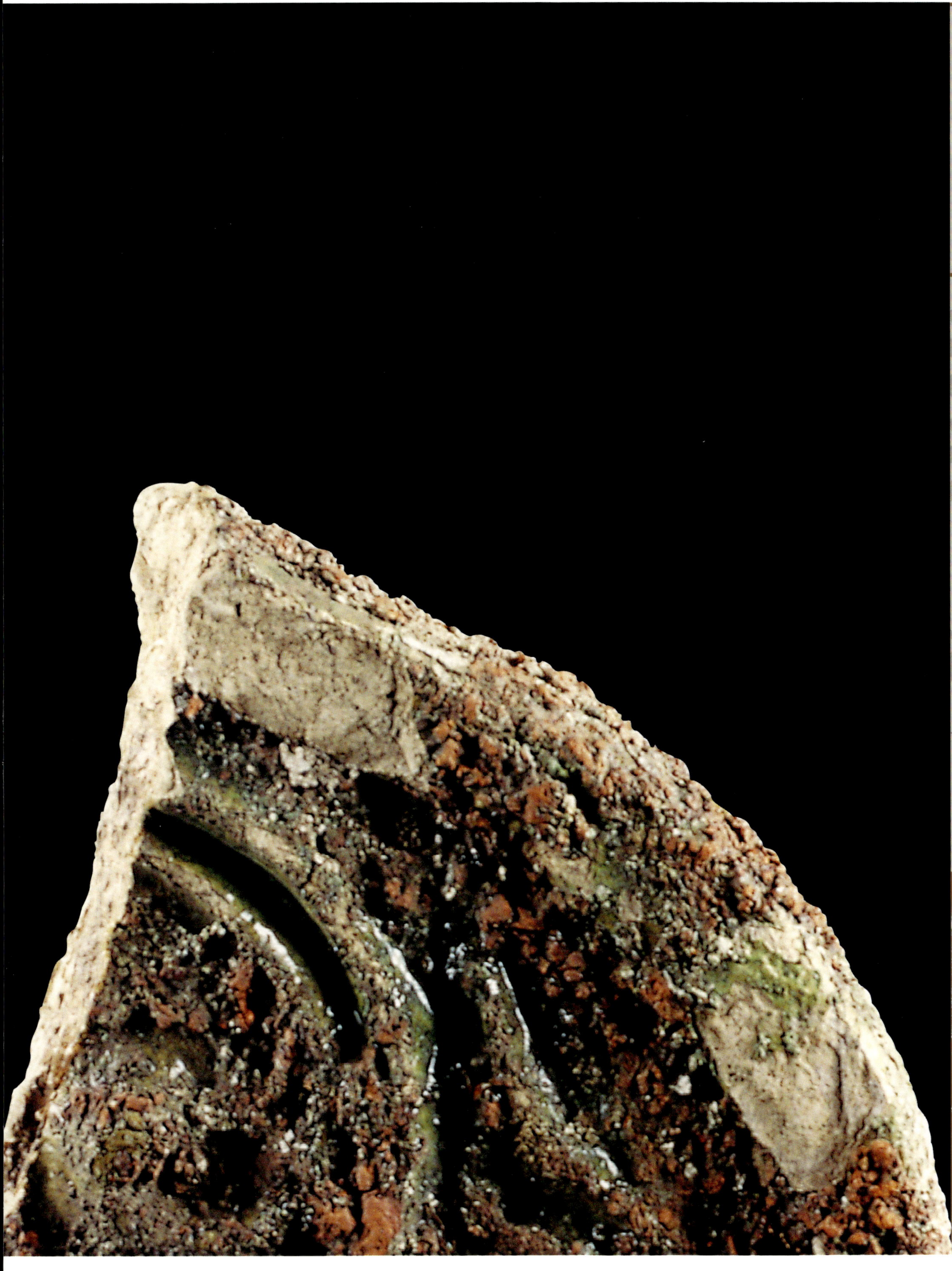

渤海三彩

不明建筑构件残块

残长12.8厘米 第3、4号宫殿出土
黑龙江省文物考古研究所藏

不明建筑构件残块
- -
残长13厘米　第3、4号宫殿出土
黑龙江省文物考古研究所藏

不明建筑构件残块

- -

残宽19.5厘米　第3、4号宫殿出土
黑龙江省文物考古研究所藏

不明建筑构件残块

- -

第50号宫殿出土

黑龙江省文物考古研究所藏

不明建筑构件残块

- -

长13厘米　第2号宫殿出土
黑龙江省文物考古研究所藏

215-220

黄釉陶盏

- -

口径8.6厘米 第2号宫殿出土

黑龙江省文物考古研究所藏

三彩陶缸

- -

口径138.5厘米　第2号宫殿出土

黑龙江省文物考古研究所藏

三彩陶熏器盖
三彩陶熏器身

通高18.1厘米　三陵4号墓出土
黑龙江省文物考古研究所藏

三彩陶熏

三陵4号墓出土

三彩陶狮

高13厘米 上京城出土
黑龙江省渤海上京遗址博物馆藏

221-274

三彩陶口沿

口径6.9厘米　第2号宫殿出土
黑龙江省文物考古研究所藏

三彩陶器颈

残长8.4厘米　第3、4号宫殿出土

黑龙江省文物考古研究所藏

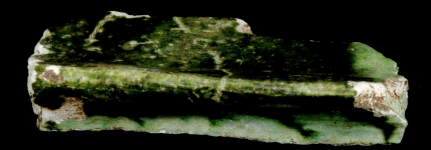

绿釉陶口沿

高1.6厘米　第3、4号宫殿出土
黑龙江省文物考古研究所藏

三彩陶残片

残宽4.2厘米　第2号宫殿出土
黑龙江省文物考古研究所藏

三彩陶残片

- -

残长2厘米　第3、4号宫殿出土

黑龙江省文物考古研究所藏

三彩陶残片

- -

残长4.2厘米　第3、4号宫殿出土

黑龙江省文物考古研究所藏

三彩陶残片

- -

残长5.2厘米　第3、4号宫殿出土

黑龙江省文物考古研究所藏

绿釉陶残片

- -

残高6.2厘米　第3、4号宫殿出土
黑龙江省文物考古研究所藏

渤海三彩

Part3 三彩标本

2
—
3
—
0

三彩陶残片

- -

残高4.6厘米 第3、4号宫殿出土
黑龙江省文物考古研究所藏

绿釉陶残片

- -

残长10.5厘米 第3、4号宫殿出土

黑龙江省文物考古研究所藏

黄釉陶残片

- -

残长9.6厘米 第5号宫殿出土

黑龙江省文物考古研究所藏

三彩陶残片

高6.9厘米　第2号宫殿出土

黑龙江省文物考古研究所藏

三彩陶残片

- -

残高3.3厘米　第2号宫殿出土

黑龙江省文物考古研究所藏

三彩陶残片

- -

残宽4.2厘米　第2号宫殿出土

黑龙江省文物考古研究所藏

三彩陶残片

残长6.1厘米　第2号宫殿出土
黑龙江省文物考古研究所藏

三彩陶残片

- -

残长4.5厘米　第2号宫殿出土

黑龙江省文物考古研究所藏

三彩陶残片

- -

残长8.8厘米　第2号宫殿出土

黑龙江省文物考古研究所藏

三彩陶残片

- -

残长5.9厘米　第2号宫殿出土

黑龙江省文物考古研究所藏

渤海三彩

Part3 三彩标本

2
—
4
—
0

绿釉陶纺轮

- -

第2号宫殿出土

黑龙江省文物考古研究所藏

绿釉陶残片

- -

残长3.6厘米　宫城出土

黑龙江省文物考古研究所藏

绿釉陶残片

残长5.1厘米　宫城出土

黑龙江省文物考古研究所藏

三彩陶残片

残长5厘米　宫城出土
黑龙江省文物考古研究所藏

三彩陶残片

残长5厘米　宫城出土
黑龙江省文物考古研究所藏

黄绿釉陶残片

残长6.7厘米　宫城出土
黑龙江省文物考古研究所藏

渤海三彩

Part3 三彩标本

2
—
4
—
6

黄釉陶残片

- -

残长8.2厘米 宫城出土
黑龙江省文物考古研究所藏

黄釉陶残片

- -

残长6.7厘米　宫城出土

黑龙江省文物考古研究所藏

红褐釉陶残片

- -

残长5.1厘米　宫城出土

黑龙江省文物考古研究所藏

黄釉陶残片

- -

残长5.2厘米　宫城出土

黑龙江省文物考古研究所藏

三彩釉陶砚残片

- -

残长4.8厘米 宫城出土

黑龙江省文物考古研究所藏

黄绿釉陶残片

- -

残长6厘米　宫城出土

黑龙江省文物考古研究所藏

绿釉陶残片

- -

残长5.5厘米 宫城出土

黑龙江省文物考古研究所藏

绿釉陶残片

- -

残长4.4厘米 宫城出土

黑龙江省文物考古研究所藏

绿釉陶残片

- -

残长3.5厘米 宫城出土

黑龙江省文物考古研究所藏

绿釉陶残片

- -

残长3.9厘米　宫城出土

黑龙江省文物考古研究所藏

三彩陶残片

残长5.2厘米　宫城出土

黑龙江省文物考古研究所藏

黄釉陶残片

- -

残长4.1厘米　宫城出土
黑龙江省文物考古研究所藏

三彩陶残片

- -

残长4.5厘米　宫城出土

黑龙江省文物考古研究所藏

黄绿釉陶残片

- -

残长3.7厘米　宫城出土

黑龙江省文物考古研究所藏

三彩陶残片

- -

残长7.5厘米 宫城出土

黑龙江省文物考古研究所藏

黄釉陶残片

- -

残长7.9厘米　宫城出土

黑龙江省文物考古研究所藏

黄褐釉陶残片

- -

残长9.4厘米 宫城出土

黑龙江省文物考古研究所藏

黄绿釉陶残片

- -

残长6.6厘米 宫城出土

黑龙江省文物考古研究所藏

黄绿釉陶残片

残长8厘米 宫城北门出土
黑龙江省文物考古研究所藏

三彩陶残片

残长7.3厘米　宫城出土

黑龙江省文物考古研究所藏

绿釉陶残片

残长6.6厘米 宫城出土
黑龙江省文物考古研究所藏

黃釉陶殘片

- -

殘長9.8厘米　宮城出土

黑龍江省文物考古研究所藏

黄绿釉陶罐

口径25厘米　外城11号门出土

牡丹江市文物管理站藏

三彩釉器盖残片

宫城"堆房"出土
中国社会科学院考古研究所藏

三彩釉器物残片

宫城"堆房"出土

中国社会科学院考古研究所藏

三彩釉口沿残片

宫城"堆房"出土
中国社会科学院考古研究所藏

渤海三彩陶器物残片

东亚考古学会1939年发掘

渤海三彩陶器物残片

东亚考古学会1939年发掘

黄釉盘

口径42厘米　宫城"堆房"出土

中国社会科学院考古研究所藏

Part4 | 附 录 |

三彩小瓶

哈尔滨顾乡屯出土

辽三彩罗汉

原藏河北省易县白玉山峨眉寺八佛洼

现藏大英博物馆

Postscript

　　唐三彩是一种盛行于唐代的低温釉陶器，釉色有黄、褐、绿、蓝、黑、白等，如同其色彩一样，是唐代社会生活最直观、最形象、最生动、最丰富的写照，初创于初唐、成熟于盛唐、衰退于晚唐。渤海国在学习大唐先进的政治制度的同时，其社会生活也在积极向其学习。三彩器及其烧造技术在渤海国早期传入，盛行于中、后期乃至于东丹国时期。是"海东胜国"的真实体现，是"与华夏同风"的具体写照。

　　本书图片，以黑龙江省文物考古研究所发掘出土器物为主，早年俄、日学者发掘、收藏品的图片，由于原书已经出版日久，普通研究者难得一见，故选用了一些具有代表性的图片予以介绍。

　　本书作为黑龙江省文物考古研究所和东北师范大学历史文化学院"渤海考古深化研究合作"项目之一，傅佳欣教授参与了策划、编排、文物选取以及审阅的多方面工作。

　　本书大部图片主要由谷德平等拍摄，王世杰、方琦、赵湘萍、关燕妮等协助了部分工作。本书在编写过程中，黑龙江省文化厅、黑龙江省渤海上京遗址博物馆给予了支持，在此一并致谢。

　　本书一方面可以弥补《渤海上京城》（文物出版社，2009年）和《海曲华风》（文物出版社，2010年）图片的不足，为专业研究者提供了更翔实的第一手考古材料；另一方面也可使文博爱好者通过本书了解渤海文物、提高文物保护意识。

　　本书在编排上力图科学、真实，以便于研究，希望通过此书将渤海上京城三彩器近百年来的发现历程和代表性文物系统地展示给广大读者。本书作者均为长期从事渤海考古与文物研究的文博专业工作者，但疏漏之处在所难免，希望广大读者多多予以批评指正。

编者

2013年6月

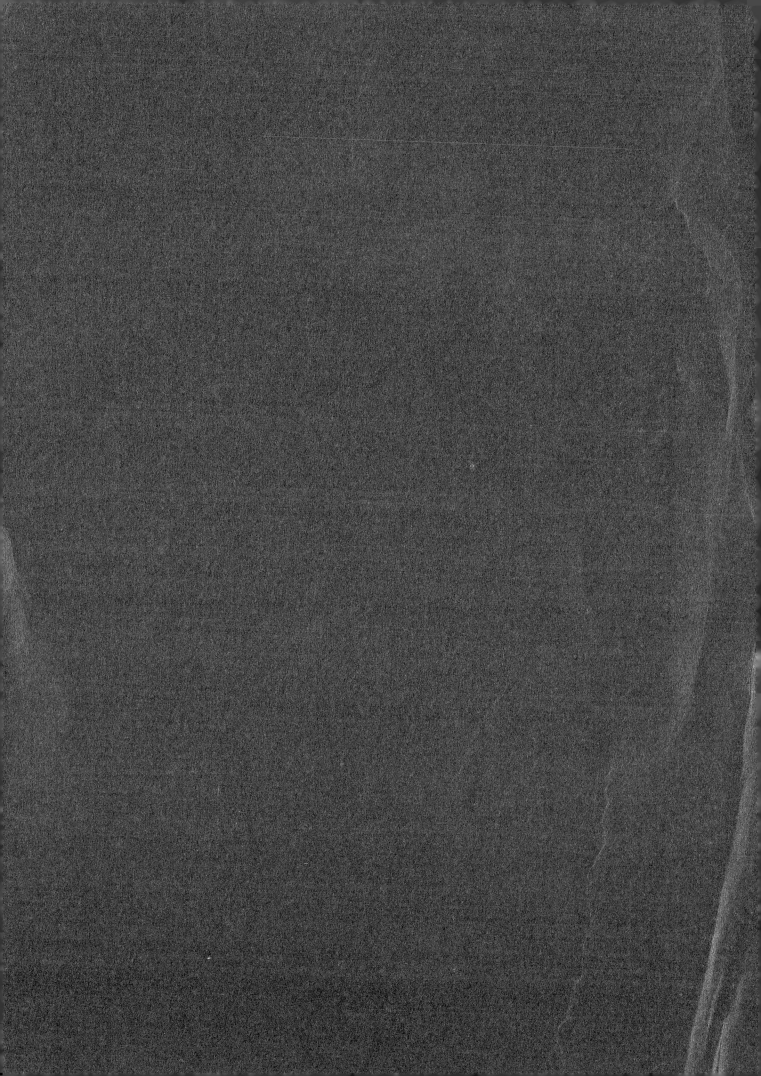